평범한 우리 어린이들을 다음 세대
위인으로 만들어 줄 교과서 위인 이야기!
효리원의 교과서 위인 이야기는 초등학교
교과 과정에 나오는 국내외 위인들을, 우리나라
최고 아동 문학가 53인이 재미있게 동화로 구성했습니다.
지혜와 용기로 위대한 삶을 산 위인들의 이야기는,
어린이들의 마음속에 '나도 할 수 있다.'는
희망의 씨앗을 심어 줄 것입니다!

일러두기

1. 띄어쓰기와 맞춤법 : 초등학교 국어 교과서와 국립국어원의 『표준국어대사전』을 기준으로 하였습니다.
2. 외래어 지명과 인명 : 국립국어원의 『외래어 표기 용례집』을 기준으로 하였습니다.
3. 이해가 어려운 단어 : ( ) 안에 뜻풀이를 하였습니다.
4. 작가 연보 : 연도와 함께 나이를 표기하고, 업적을 간략히 소개하였습니다. 우리나라 위인은 태어난 해를 한 살로 하였고, 외국 위인은 만 나이를 한 살로 하였습니다. 정확한 자료가 없는 위인은 연도와 업적만을 나타냈습니다.
5. 내용 구성 : 위인의 삶은 역사적 자료를 바탕으로 최대한 사실적으로 구성하였습니다. 그러나 읽는 재미를 위해 대화 글이나 배경 묘사, 인물의 감정 표현 등에 작가의 상상력을 가미하였습니다.
6. 그림 구성 : 문헌을 바탕으로 위인이 살던 시대를 충실히 나타내도록 하되 복식의 색상이나 상식, 소품, 건물 등은 작가의 상상으로 그렸습니다.
7. 내용 감수 : 각 분야의 전문가들로 구성된 편집 위원들이 꼼꼼히 감수를 하였습니다.

편집 위원

김용만(우리역사문화연구소장)
교과서에서 만나는 위인들을 중심으로 일화와 함께 그림과 사진을 곁들여 지루하지 않게 읽을 수 있습니다. 술술 읽다 보면 학교 공부에도 많은 도움이 될 것입니다.

신현득(동시인, 전 새싹회 회장)
우리가 자주 듣고 접하는 역사 속 실존 인물들이 자신의 꿈을 이루기 위해 어떻게 노력했는지 깨달아 가면서 우리 어린이들은 한층 더 성숙해질 것입니다.

윤재운(동북아역사재단 연구 위원)
위인전을 읽으면서 어린이들은 시대를 넘어 간접 체험을 할 수 있습니다. 어떻게 살아야 하는지 인생에 대한 동기 부여와 함께 삶이 보다 풍요로워질 것입니다.

이은경(철학 박사, 전북과학대 유아교육학과 교수)
한 사람의 인격과 품성은 어릴 때 형성됩니다. 따라서 초등학교 저학년 때 어떤 책을 읽느냐에 따라 생각의 크기가 달라집니다. 어린이의 미래를 위해 이 책은 꼭 읽어야 합니다.

이창열(하버드 물리학 박사, 전 국가과학기술자문회의 전문 위원)
세상을 바꾼 위대한 인물의 이야기는 어린이의 인성 및 감성 발달에 큰 영향을 미칠 뿐 아니라 실험 정신과 개척 정신을 길러 줍니다. 용기와 지혜로 세상을 헤쳐 나가는 당당한 어린이를 꿈꾼다면 이 책은 꼭 한번 읽어 보아야 합니다.

정재도(한글학자)
위인으로 일컬어지는 이들은 어떤 생각을 하고, 어떤 삶을 살았을까요? 그들의 흔적을 담은 위인전은 복잡한 현대를 이끌어 갈 우리 어린이들에게 나침반과 같은 역할을 할 것입니다.

조수철(서울대학교 의과대학 소아정신과 교수)
위인전은 시대와 신분, 업적이 다른 위인들의 삶이 다양하고 흥미롭게 구성되어 있어 손쉽게 여러 삶의 모습을 만날 수 있습니다. 용기 있게 고난을 헤쳐 나간 위인의 이야기를 통해 삶의 지혜를 배울 수 있을 것입니다.

남아프리카 공화국 최초의 흑인 대통령 만델라

오은영 글 / 김태현 그림

이 책을 읽는 학부모님과 선생님께

어린이에게 위인전을 읽히는 이유는 무엇일까요? 아마도 훌륭한 삶을 살다 간 분들이 어떻게 역경을 이겨 냈고, 꿈을 이루기 위해 어떻게 노력했는지, 본받았으면 하기 때문일 것입니다.

만델라는 흑백 차별 정책이 극심했던 남아프리카 공화국에서 최초로 흑인 대통령이 되었던 분입니다. 하지만 만델라의 어린 시절은 너무나 평범했고, 인종 차별에 대한 인식 자체가 없었습니다. 평범한 말썽꾸러기 아이가, 세속적인 성공만을 꿈꾸던 평범한 청년이, 어느 날 자유와 정의를 위해 싸우는 저항 운동가로 변한 것입니다. 그리고 27년이나 감옥에서 보내면서도 투쟁을 멈추지 않고 마침내 승리를 거두고 대통령이 된 것입니다. 뿐만 아니라 보복이 가능한 위치에 올랐음에도 보복 대신 용서를 택할 정도로 대단한 용기를 가진 사람으로 바뀌었습니다.

무엇이 평범한 만델라를 변하게 했을까요? 왜 아프리카 남쪽 끝에 있는 나라의 만델라가 전 세계의 존경을 받을까요? 인간이 인간을 차별하는 것이 왜 나쁜 일일까요? 또 '진실과 화해 위원회'를 만들어 진실은 밝히되 처벌은 하지 않았는데 꼭 진실을 밝힐 필요가 있었을까요?

만델라의 삶을 살펴보면 여러 궁금증이 생기게 됩니다. 부모님과 선생님들께서는 이런 점들에 대해 어린이들과 함께 이야기를 나눠 보면 좋을 것입니다. 그리고 나중엔 왜 용서와 화해를 주장했는지에 대해서도 이야기를 나눠 보시는 것이 좋겠습니다.

부모님 생각과 어린이의 대답이 다를 수 있습니다. 그건 중요하지 않으니 자기 생각을 또박또박 말하기만 하면 '그래, 그렇구나.' 하고 추임새를 넣어 주시면 좋겠습니다.

머리말

넌 너무 말썽꾸러기야!

가끔 이런 말을 듣지 않나요? 쯧쯧 혀까지 차면서요. 그럴 때 절대 기죽지 마세요. 300년 넘게 백인이 지배했던 남아프리카 공화국에서 최초의 흑인 대통령이 된 넬슨 만델라도 어린 시절엔 말썽꾸러기였대요. 그런데 흑백 차별을 겪으며 자유를 꿈꾸게 되고, 백인들과 끈질기게 싸우는 용감한 투사가 되고, 마침내 자유를 얻어 냈지요. 게다가 흑인들을 괴롭혔던 백인들을 용서했답니다. 싸울 때도, 용서할 때도 용감했던 거지요. 덕분에 남아프리카 공화국은 평화를 찾을 수 있었답니다.

나는 우리 친구들을 믿습니다. 지금 말썽꾸러기면 어때요? 언젠가는 만델라 대통령처럼 자기 몫을 단단히 해내는 어른으로 자랄 텐데요, 뭘. 그렇죠?

글쓴이 오은영

차례

이 책을 읽는 학부모님과 선생님께   6

머리말   8

말썽꾸러기 롤리흘라흘라   10

성실한 검은 영국인   18

저항 운동가로의 첫걸음   26

비폭력 저항 운동   33

무장 투쟁가 '검은 별봄맞이꽃'   42

무너지지 않는 희망   47

승리, 그리고 용서   56

안녕, 만델라   66

만델라의 삶   71

읽으며 생각하며!   72

"사내아이예요!"

하인이 외치며 추장에게 달려왔습니다. 남아프리카 공화국, 음베조라는 작은 시골 마을에 추장의 네 번째 아들이 태어난 것입니다. 하지만 추장의 세 번째 부인에게는 첫아들이었지요. 1918년 7월, 태양이 무척 뜨거운 날이었습니다.

추장은 자신을 닮아 고집스러워 보이는 아이에게 이름을 지어 주었습니다.

"롤리흘라흘라가 좋겠어."

'나뭇가지를 잡아당기는 아이'라는 뜻이었습니다.

그런데 추장은 얼마 지나지 않아 재산을 모두 빼앗긴 채 추장 자리에서 쫓겨났습니다. 조사니 재판도 없이 말이에요. 부족 문제는 전통에 따라 처리한다는 원칙을 지키려고, 백인 치안 판사의 부름을 거부했기 때문이었습니다.

하루아침에 가난해진 가족은 외갓집 동네인 쿠누로 이사를 갔습니다.

롤리흘라흘라 만델라는 쿠누의 푸른 초원에서 양과 소를 돌보며 마음껏 뛰어놀았습니다. 무엇보다 막대기 던지기 놀이가 가장 즐거웠습니다.

일곱 살 때 이웃 아줌마가 어머니에게 말했습니다.

"똑똑하게 생겼는데 학교에 보내지그래?"

"좋다. 막내는 공부를 시킨다."

아버지는 학교 가기 전날 롤리흘라흘라를 오두막 안으로 불렀습니다.

"내일 학교에 갈 때 입어라."

꼬마 만델라는 눈을 동그랗게 떴습니다.

"이 옷을 입으라고요?"

"학교 갈 때는 옷을 단정하게 입어야 한다. 입어 봐라."

아버지는 자신의 바지를 무릎까지 싹둑 잘라 내밀었습니다. 꼬마 만델라는 그때까지 걸치고 있던 담요를 벗고 아버지가 내민 바지로 갈아입었습니다. 바지 길이는 얼추 맞는데 허리가 엄청 컸습니다.

"걱정 없다. 끈으로 묶으면 된다."

아버지는 끈으로 허리띠를 만들어 묶어 주었습니다.

다음 날 학교에 갔더니 자기만 선생님처럼 바지를 입고 왔습니다. 꼬마 만델라는 좀 우스꽝스럽긴 해도 자기 옷이 무척 자랑스러웠습니다.

선생님은 아이들에게 영국식 이름을 지어 주었습니다. 꼬마 만델라 차례가 되었습니다.

"이제부터 네 이름은 '넬슨 만델라'다."

그리고 엄한 목소리로 덧붙였습니다.

"앞으로 학교에서는 그 이름을 써야 한다."

만델라는 그 이름이 마음에 들었습니다.

"아버지! 아버지!"

아홉 살 소년이 된 만델라에게 슬픔이 닥쳤습니다. 아버지가 돌아가신 것입니다.

어머니는 장례식이 끝나자 아들에게 말했습니다.

"짐을 꾸리렴. 넌 이제 쿠누를 떠나야 해. 아버지 도움으로 족장이 된 분이 있다. 그 섭정(군주가 직접 통치할 수 없을 때에 군주를 대신하여 나라를 다스리는 사람)이 널 맡아 키우기로 했다."

아버지가 돌아가신 것도 모자라 이제 어머니 품도 떠나야

한다니……. 만델라는 고개를 푹 숙였습니다.

다음 날 아침 일찍 만델라는 어머니와 집을 나섰습니다. 언덕 위에 올랐을 때 걸음을 멈추고 뒤돌아보았습니다. 두 눈 가득 뛰놀던 마을이 들어왔습니다. 옹기종기 모인 오두막들, 옥수수밭. 한가로이 풀을 뜯는 가축 떼들…….

"그만 가자."

어머니가 나직이 재촉했습니다. 만델라는 고향 마을을 마음에 담고 돌아섰습니다. 그리고 많은 언덕을 넘고, 여러 마을을 지나는 동안 묵묵히 걸어갔습니다. 처음 겪는 이별에 마음이 아팠습니다.

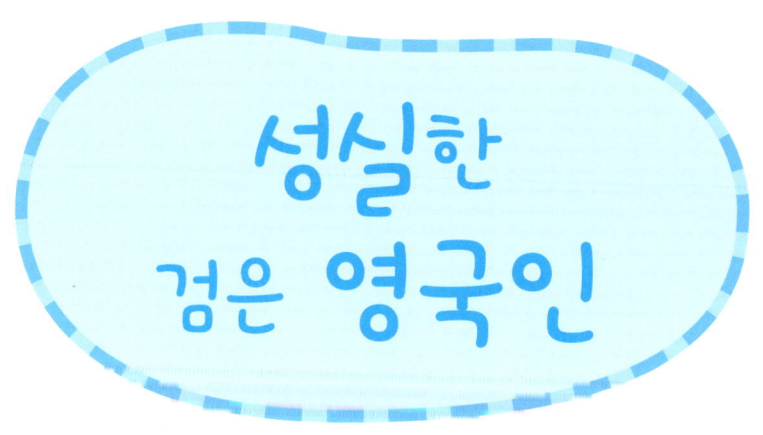

성실한 검은 영국인

 해가 땅끝 너머로 사라질 즈음 어머니가 걸음을 멈췄습니다. 계곡 아래에 숲으로 둘러싸인 마을이 보였습니다. 마을 한가운데에는 훌륭하고 커다란 건물들이 여러 채 서 있었습니다. 만델라는 눈이 동그래졌습니다.

"우와, 저 집 좀 봐요."

어머니는 커다란 건물을 가리키며 차분하게 말했습니다.

"저 욘긴타바 왕궁이 앞으로 네가 살 곳이다."

어머니는 왕궁에서 이틀 정도 머물다 가셨습니다.

만델라는 혼자 남겨진 것도 두렵지 않았습니다. 화려한 옷을 입고 화려한 궁전에서 살게 된다는 것이 그저 좋기만 했습니다.

"너는 은인의 아들이다. 내 아들 저스티스와 똑같은 대우를 받을 것이다."

섭정은 만델라를 왕궁 근처의 학교에 보내 주었습니다. 만델라는 촌뜨기란 소리를 듣지 않으려고 무척 열심히 공부했습니다. 섭정에게서는 남의 말을 귀담아 듣는 법을 배웠습니다.

열여섯 살이 되었을 때 저스티스와 함께 할례를 받아야 했습니다. 아프리카 사내아이가 어른 남자가 되려면 꼭 치러야 하는 성인식이었지요. 무척 고통스러운 과정이었지만 이 악물고 견뎠습니다.

성인식이 끝나는 날 성대한 잔치가 열렸습니다. 손님으로 온 추장이 축하 연설 끝에 이상한 말을 했습니다.

"우리는 이들에게 남성을 약속하는 할례를 주었다. 하지만 밝은 미래는 줄 수 없다. 백인의 노예가 된 우리는 이들에게 독립과 자유를 줄 수 없기 때문이다……."

만델라는 고개를 갸우뚱했습니다. 흑인이 백인의 노예라는 말을 이해할 수 없었습니다. 지금까지 영국인들이 학교 교육도 시켜 주고 여러 혜택도 줬다고 생각해 왔기 때문입니다.

그날 밤, 섭정은 성인이 된 기념 선물로 구두 한 켤레를 주었습니다.

"앞날에 대해 생각해 봤느냐?"

"공부를 더 하고 싶습니다."

"그럼 너도 저스티스가 다니는 학교에 들어가라."

만델라는 흥분으로 가슴이 벌렁벌렁했습니다. 밤에는 잠도 오지 않아 새 구두를 닦고 또 닦았지요. 특별한 흑인들만 공부를 계속할 수 있었기 때문입니다. 대부분은 금 캐는 광산의 노동자로 일하러 갔으니까요.

만델라는 남들보다 더 열심히 공부해서 일 년 빨리 졸업했고, 스물한 살에 포트헤어라는 최고의 흑인 대학에 들어갔습니다. 학교생활도 열심히 했습니다. 그러다 보니 총 6명을 뽑는 학생회의 대표로 선출되었습니다. 그런데 전체 150명의 학생 중에 투표한 학생은 겨우 2~30명 정도였습니다.

'이건 정당한 선거가 아니야.'

만델라는 오랜 생각 끝에 사퇴를 결심했습니다. 그러자 대학 총장이 만델라를 불렀습니다.

"사퇴를 무르게."

"그럴 수 없습니다."

만델라는 고집을 꺾지 않았습니다. 아버지를 닮아 원칙에 어긋나는 것을 못 참았습니다.

총장은 만델라를 학교에서 내쫓으면서 생각이 바뀌면 찾아오라고 했습니다.

왕궁에 돌아왔을 때 섭정 역시 대학으로 다시 돌아가라고 했습니다. 만델라는 가슴이 답답했습니다. 방학과 함께 저스티스가 왕궁으로 와서 그나마 숨통이 틔었습니다.

그렇게 몇 주가 지났을 때 섭정은 저스티스와 만델라를 불러 폭탄 발언을 했습니다.

"너희 둘 다 결혼을 해라. 내가 신붓감을 정해 두었다."
 부모 뜻대로 결혼하는 것이 전통이었지만 만델라는 따를 수가 없었습니다. 만델라의 신붓감이 저스티스가 좋아하는 여자였거든요.
 저스티스가 만델라에게 말했습니다.

"우리 요하네스버그로 도망치자."

"그렇게 해요, 저스티스 형!"

저스티스는 섭정의 황소 두 마리를 몰래 팔아 돈을 마련했습니다. 그리고 만델라의 손을 꽉 잡았습니다.

"출발이다!"

저항 운동가로의 첫걸음

"여기가 요하네스버그라고? 정말 대단하다!"

만델라는 둘레둘레 둘러보느라 정신이 하나도 없었습니다. 짙은 어둠 속에서 수많은 간판이 번쩍거리고 자동차들도 엄청 많았거든요.

"그만 정신 차리고 광산으로 가자. 아버지 이름을 대면 쉽게 일자리를 얻을 거야."

저스티스와 만델라는 광산에서 편안한 일자리를 구했습니다. 그러나 며칠 뒤 섭정의 연락으로 광산에서 쫓겨나고 말았습니다. 당분간 저스티스와 떨어져 있기로 한 만델라는 근처에 사는 친척 아저씨 집으로 갔습니다. 선선히 만델라를 받아 준 아저씨는 며칠 뒤 진지하게 물었습니다.

"하고 싶은 일은 있는 거냐?"

"변호사를 하고 싶어요."

"그러면 내가 소개시켜 줄 사람이 있다."

아저씨는 만델라를 어떤 사무실로 데려갔습니다.

"난 월터 시슬루라네. 무슨 일로 왔나?"

만델라는 눈을 빛내며 자신의 꿈에 대해 말했습니다.

묵묵히 듣고 있던 시슬루가 고개를 끄덕였습니다.

"좋아. 자네를 시델스키 변호사에게 소개해 주지. 열심히 일해 보게."

덕분에 만델라는 법률 사무소에 견습 사원으로 취직을 하였고, 열심히 일을 배웠습니다.

한편 공부를 더 하고 싶어서 낮에는 일을 하고, 밤에는 남아프리카 대학에 다녔습니다. 적은 월급으로 방값, 교통비, 학비

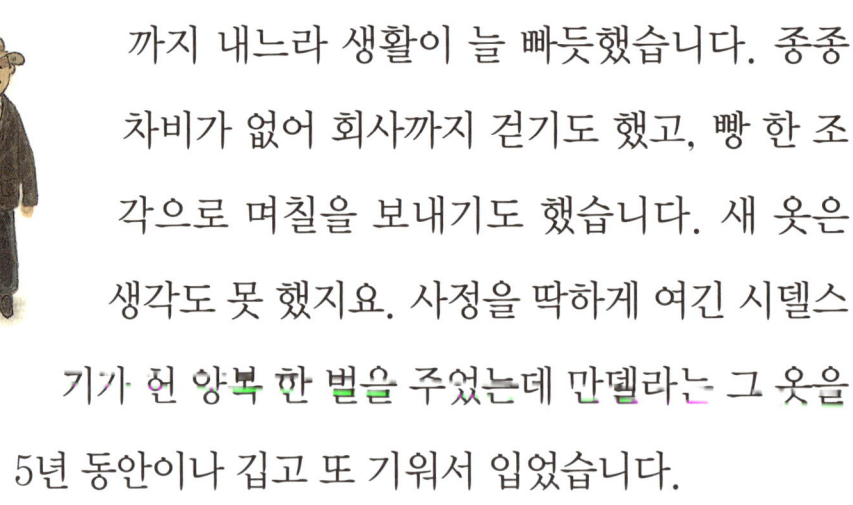

까지 내느라 생활이 늘 빠듯했습니다. 종종 차비가 없어 회사까지 걷기도 했고, 빵 한 조각으로 며칠을 보내기도 했습니다. 새 옷은 생각도 못 했지요. 사정을 딱하게 여긴 시델스키가 헌 양복 한 벌을 주었는데 만델라는 그 옷을 5년 동안이나 깁고 또 기워서 입었습니다.

시델스키는 백인인데도 흑인인 만델라에게 무척 잘해 주었습니다. 법에 대해 친절히 가르쳐 주고 여러 가지 충고도 해 주었습니다.

"흑인도 교육을 받아야 해. 그래야 자기를 지킬 수 있거든. 자네는 꼭 성공한 변호사가 되게. 정치는 절대 하지 말고. 정치를 하면 괜한 말썽만 생긴다네."

하지만 같은 사무실에서 일을 하는 가우어는 만델라에게 다른 충고를 했습니다.

"아프리카 흑인들은 부당한 대접을 받고 있어. 일은 흑인들이 하고, 돈은 백인들이 벌지. 이것을 고치려면 싸워야 해. '아프리카 민족 회의'라는 단체가 아프리카인을 변화시킬 거야."

만델라는 가우어를 따라 민족 회의 모임에 가끔씩 나가 보았습니다.

민족 회의는 1943년 8월 어느 아침, 만델라가 사는 알렉산

드리아에서 '버스 타지 않기 운동'을 벌였습니다. 버스 회사에서 요금을 갑자기 올린 것에 항의하는 운동이었습니다. 매일 아침, 시민들은 버스를 타지 않고 일터까지 항의 행진을 했습니다.

9일째 되는 날 버스 회사는 버스 요금을 내렸습니다. 시민이 승리한 것이지요.

"시민의 힘은 대단하구나!"

가슴이 벅차오른 만델라는 아프리카 민족 회의에 가입했습니다. 그리고 1944년 월터 시슬루, 올리버 텀보와 함께 민족 회의 안에 청년 동맹을 설립했습니다.

세 친구는 월터 시슬루 집에서 자주 모임을 가졌습니다. 그러나 만델라는 월터의 집에서 에블린을 만나 사랑에 빠졌습니다. 그리고 둘은 결혼을 하였습니다.

얼마 안 있어 아들 켐비가 태어났습니다. 만델라는 무척 행복했지만 한편으로 마음이 아팠습니다. 아들이 사는 세상엔 흑인 차별이 없었으면 했거든요.

만델라는 자신의 행복을 희생하더라도 자유를 위해 싸워야겠다고 생각했습니다.

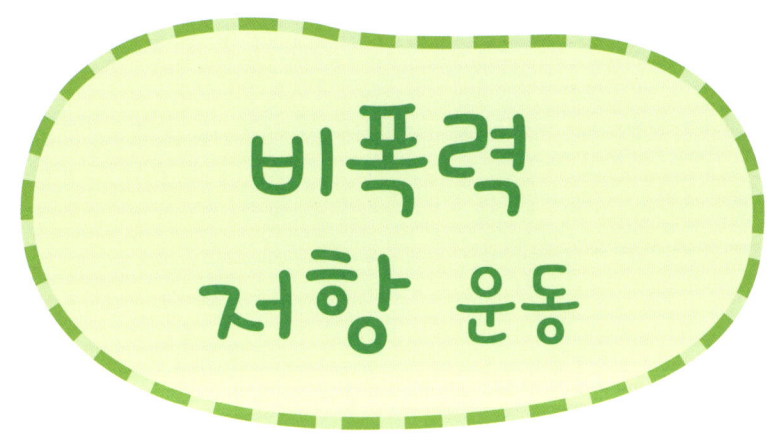

"이럴 수가! 말도 안 돼!"

1948년 선거에서 인종 차별이 더 심한 국민당이 이겼습니다. 만델라는 머리가 터져 버릴 것 같았습니다. 흑인에게 투표권이 없는 것도 화가 났습니다.

게다가 국민당 정부는 '아파르트헤이트'(인종 격리 정책) 정책을 발표했습니다.

"흑인 어린이는 흑인 전용 병원에서 태어나, 흑인 전용 버스를 타고, 흑인 학교를 다녀야 한다. 백인들이 있는 곳에 섞여 있으면 안 된다. 통행증을 꼭 가지고 다녀야 하며 이것을 지키지 않으면 즉시 체포하겠다."

적은 수의 백인들만을 위한 흑백 분리법이었습니다. 지금껏 차별해 온 것도 모자라 이제는 법으로까지 정하겠다는 것입니다.

"이대로 있을 수 없어!"

만델라와 아프리카 민족 회의는 '전 국민 출근 거부 운동'을 계획하였습니다.

1950년 5월 1일, 많은 시민들이 출근을 거부했습니다. 밤에는 거리에 모여 질서 있게 행진했습니다.

그런데 갑자기 탕! 탕! 탕! 경찰이 시위대 쪽으로 총을 쏘아 댔습니다. 사람들이 피 흘리며 쓰러졌습니다.

만델라는 18명이나 죽었다는 소식에 화를 참을 수 없었습니다. 더 열심히 활동하느라 거의 매일 새벽에 집을 나가 깊은

밤에 돌아왔습니다. 아이들 얼굴은 잠든 모습밖에 볼 수 없었습니다.

그러던 어느 날 아내가 만델라에게 말했습니다.

"여보, 템비가 아버지는 어디 사냐고 물어 보네요."

만델라는 두 손으로 아내의 손을 꽉 잡았습니다.

"미안해. 하지만 템비에게는 이 억울한 세상을 물려주고 싶지 않아. 그러니 가족과 시간을 보내지 못하는 나를 이해해 주구려."

1952년 청년 동맹 의장이 된 만델라는 6월 25일을 '범민족 궐기의 날'로 정했습니다. 백인 전용 구역에 허락 없이 들어가기로 결정한 것입니다. 하지만 어떠한 일이 있어도 폭력은 안 된다고 했지요.

이튿날인 6월 26일, 흑인들은 백인 전용 버스를 타기도 하고, 백인 전용 보건 센터 앞에서 문을 열어 달라고

시위도 했습니다. 폭력은 절대 쓰지 않았습니다. 저항 운동은 5개월이나 이어졌습니다. 그러자 온 세계가 남아프리카 공화국에 관심을 보였습니다.

만델라는 주동자로 경찰에 체포되었다가 풀려났습니다. 다행히 변호사 시험은 볼 수 있있습니다.

"합격이다. 합격!"

변호사 시험에 합격한 만델라는 1952년 8월, 올리버 탐보와 함께 '만델라와 탐보'라는 법률 사무소를 차렸습니다. 흑인이 하는 최초의 변호사 사무소였습니다. 주로 흑인 고객들의 억울함을 변호했습니다.

만델라는 점점 더 민족 회의의 중요한 인물이 되어 갔습니다. 1955년 6월, 민족 회의는 아주 중요한 결정을 내렸습니다. 자유로운 남아프리카 공화국을 희망하는 모든 단체와 함께 '자유 헌장'을 만들어 발표하기로 한 것입니다.

만델라는 모든 단체에 설문지를 보내 '자유 헌장'의 초안을 작성했습니다. 그리고 투표로 확정할 계획이었습니다.

"…… 남아프리카 공화국은 그 안에 살고 있는 흑인과 백인 모든 사람들의 것이며, 국민의 뜻에 기초하지 않은 어떤 정부도 그 권한을 주장할 수 없다 ……."

햇살이 눈부신 6월, 전국에서 3,000명의 대표자들이 대회장으로 모여들었습니다. 경찰의 온갖 방해에도 투표를 하기 위해 온 것입니다. 버스를 타고 오는 사람, 트럭을 타고 오는 사람, 걸어서 오는 사람, 드물지만 백인들도 있었습니다.

그런데 대회가 막 성공적으로 끝나려 할 때 경찰들이 기관총을 들고 들이닥쳤습니다.

"반역 죄인들이 있다. 아무도 우리 허락 없이 집회장을 떠날 수 없다!"

만델라는 운 좋게 도망칠 수 있었고, 숨어서 계속 저항을 해 갔습니다. 그러다 다음해 12월, 경찰에 체포되어 반역죄로 요하네스버그 교도소에 갇히고 말았습니다.

다행히 2주 후에 있을 재판 때까지 임시로 풀려나 집에 왔습

니다. 만델라가 집에 돌아와 보니 집에는 아무도 없었습니다. 아내가 아이들과 함께 이사를 가 버린 것이었습니다. 그리고 아내는 가정생활에 충실하지 못한 만델라에게 이혼을 요구했습니다.

'투쟁에는 희생이 따르는 거야.'

만델라는 눈을 감고 이를 악물었습니다.

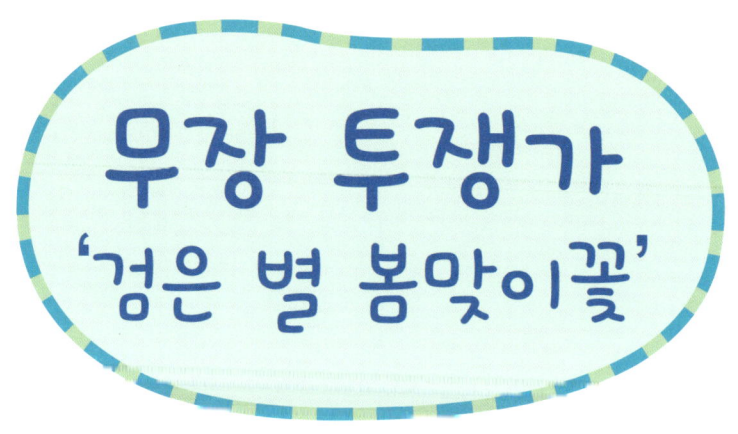

무장 투쟁가 '검은 별 봄맞이꽃'

백인 정부는 점점 더 거세게 흑인을 탄압했습니다. 흑인 여성들에게 통행증을 가지고 다니라면서 위반하면 감옥에 가두겠다고 했습니다. 화가 난 흑인 여성들은 샤프빌이라는 작은 마을에서 통행증을 불태우는 시위를 열었습니다. 평화적 시위였는데도 경찰이 시위대를 향해 총을 쏴 69명이나 죽었습니다.

만델라는 화가 치솟았습니다. 1960년 3월 26일, 민족 회의 임원들과 함께 신문사 앞에서 통행증을 불태웠습니다. 정부는

비상사태를 선포했고 만델라는 경찰에 체포되었다가 풀려났습니다. 하지만 비밀경찰은 계속해서 만델라 뒤를 쫓았습니다.

'또 잡힐 수는 없어.'

잡으려는 경찰과 잡히지 않으려는 만델라, 둘 사이에 숨바꼭질이 이어졌습니다. 만델라는 변장도 했습니다.

신문 기자들은 그에게 '검은 별 봄맞이꽃'이라는 별명을 붙여 주었습니다.

만델라는 피해 다니면서 생각이 바뀌었습니다.

'비폭력 평화 운동으로는 한계가 있어.'

만델라는 '민족의 창'이라는 무장 단체를 조직했습니다. 그리고 인종 차별을 상징하는 장소인 관청과 발전소 앞에 주차된 차를 폭파했습니다.

"절대로 사람을 다치게 하면 안 됩니다."

아무리 주의를 했지만 어쩔 수 없이 피해가 생겼습니다. 백인과 흑인 모두에게…….

백인 정부는 긴장했지만 흑인들은 '민족의 창'을 행동하는 조직이라 믿었습니다. 민족 회의는 활동이 금지되고 활동가들은 수배를 당했습니다.

만델라는 경찰을 피해 외국으로 나가 군사 훈련을 받은 뒤, 비밀리에 돌아왔습니다. 그러나 얼마 안 가 경찰에 체포되었습니다.

만델라는 감옥에 갇혔습니다.

어느 날 밤, 앞날에 대한 고민으로 뒤치이고 있을 때 옆방에서 익숙한 목소리의 기침 소리가 들렸습니다.

"혹시, 월터 시슬루?"

만델라는 옆방을 향해 나지막이 속삭였습니다.

"넬슨 만델라?"

두 사람은 동시에 웃음을 터뜨렸습니다.

만델라는 벽을 사이에 두고 월터와 함께 여러 일들을 의논했습니다.

얼마 뒤 만델라는 징역 5년을 선고 받았다가, 무기 징역으로 형이 바뀌었습니다.

무너지지 않는 희망

"끼룩끼룩."

손바닥만 한 작은 창 너머로 갈매기 울음소리가 들려왔습니다. 로벤 섬의 낡은 감옥에 갇힌 만델라는 자기 방을 둘러보았습니다. 여섯 개의 쇠창살, 누우면 머리와 발이 벽에 닿는 작은 방, 사자가 그려져 있는 담요 3장, 이름 대신 불리는 죄수 번호.

감옥 안에서도 인종 차별은 계속되었습니다. 흑인 정치범은 A, B, C, D 네 등급 중에서 꼴찌였습니다.

"46664번! 식사!"

옥수수죽뿐인 식사가 나왔습니다. 46세의 건장한 몸에 맞지 않는 너무도 형편없는 식사였지만 만델라는 순식간에 옥수수죽 한 그릇을 비웠습니다. 운동장에서 바위를 사갈로 쪼개는 노동을 한 뒤라 배가 잔뜩 고팠으니까요.

일 년 뒤에는 바다 옆 채석장으로 나가 바위를 쪼았습니다. 바깥 자연 속에서 일을 할 수 있어서 힘이 솟았습니다.

하지만 바위에서 반사된 강한 햇빛에 눈이 무척 아팠습니다.

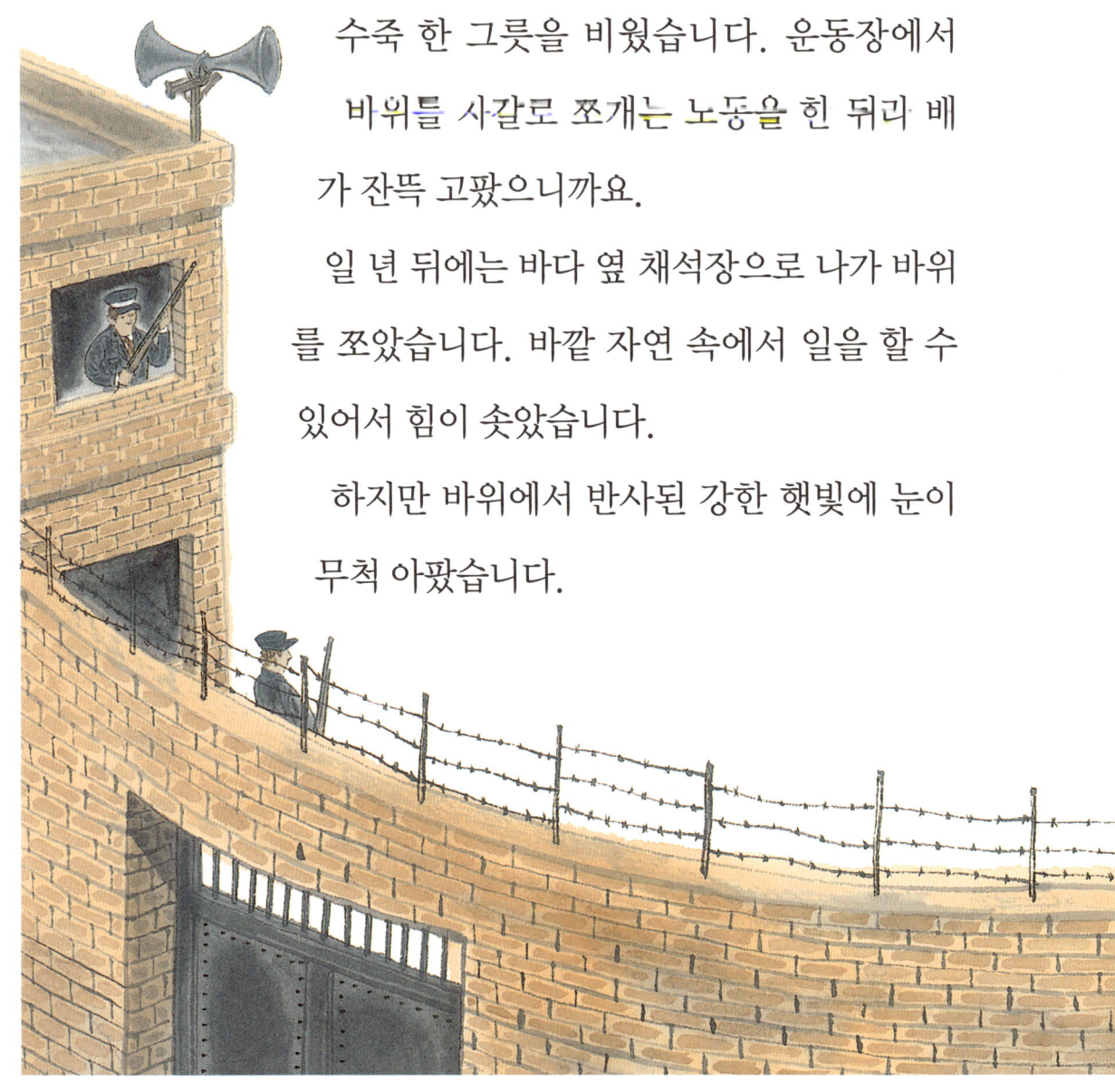

"선글라스를 주시오!"

만델라가 계속 항의하자 3년 만에 선글라스가 지급되었습니다.

만델라는 월터와 함께 교도소 안에 최고 사령부를 만들었습니다. 그리고 감옥 안의 생활 환경을 고쳐 달라고 끊임없이 싸웠습니다. 이것도 인종 차별에 대한 저항 운동이라고 생각했으니까요.

1975년 어느 날, 월터가 만델라에게 이렇게 말했습니다.

"자서전을 써서 60번째 생일에 책을

내보게. 자네 글이 젊은이들에게 영향을 줄 거네. 우리가 왜 투쟁하는지 기억하게 될 거야."

"알겠네. 낮에 자고 밤에 몰래 글을 쓰겠네."

만델라는 만일을 대비해 똑같은 원고를 하나 더 썼습니다. 하나는 감옥 운동장에 묻고, 하나는 감방 동료가 석방 될 때 밖으로 내보냈습니다.

만델라와 동료들의 투쟁 덕에 1977년에 노동이 없어졌고, 교도소 한구석에 석유통을 잘라 만든 텃밭도 가꿀 수 있게 되었습니다.

1980년, 신문을 받아 보기까지 무려 15년이나 걸렸습니다. 그리고 모든 죄수들이 피부색에 상관없이 똑같은 식사를 하게 되었습니다.

1982년 3월, 지구 반대쪽의 여름이 끝나갈 무렵이었습니다. 아침 일찍 교도관이 만델라의 감방을 방문했습니다.

"만델라, 짐을 챙기시오!"

"무슨 일이오?"

"다른 감옥으로 옮겨야 하오."

교도관의 말대로 만델라는 18년 동안 산 로벤 섬에서 폴스무어 교도소로 옮겨졌습니다.

"여긴 수건, 샤워실, 침대까지 있네!"

김방 환경이 무척 좋게 변해 만델라는 입이 떡 벌어졌습니다. 하지만 백인 정치인들은 하나도 변하지 않았습니다. 잔인한 행동을 멈추지 않았고, 민족 회의의 수많은 활동가들을 죽였습니다.

세계 곳곳에서 남아프리카 공화국의 자유를 응원할 정도였습니다. 그러자 1985년 1월 31일, 백인 정부의 보타 대통령이 크게 생색내는 척 의회에서 연설을 했습니다.

"폭력 저항을 무조건 포기한다면 만델라에게 자유를 주겠다. 이제 만델라의 자유를 방해하는 것은 우리 정부가 아니라 만델라 자신일 뿐이다."

며칠 뒤 일요일. 만델라의 편지를 막내딸 진드지가 수천 명의 사람들 앞에서 또랑또랑 읽어 내려갔습니다. 거절한다는 만델라의 대답이었습니다.

"자유로운 사람만이 협상을 할 수 있습니다. 나와 민중 모두가 자유롭지 않다면 어떤 약속도 하지 않을 것입니다."

그래도 대화의 노력은 계속 이어 갔습니다.
그러던 중, 만델라는 기침을 심하게 했습니다. 병원에 갔더니 폐결핵 초기라고 했습니다. 수술을 하고 2개월간 입원 치료를 받아야 했습니다.
"일흔한 번째 생일이 있는 7월에는 꼭 회담을 했으면 좋겠군."
만델라는 바람대로 보타 대통령을 만나게 되었습니다. 그러나 아무 결과를 얻지 못했고 얼마 있다 대통령이 바뀌었습니다.
12월에는 새 대통령 드 클레르크를 만났습니다.

만델라와 부인 위니 여사 | 만델라는 정치범으로 교도소에 27년 동안 수감되었다가 1990년 2월 11일 석방되었습니다.

'내 말에 귀를 기울이는군. 예감이 좋아.'

만델라의 예감이 맞았습니다. 이듬해인 1990년 2월 2일, 클레르크 대통령이 국회에서 놀라운 연설을 했습니다.

"비폭력 활동으로 투옥된 정치범을 석방하고, 사형 제도를 폐지하며, 모든 단체 활동을 자유화한다."

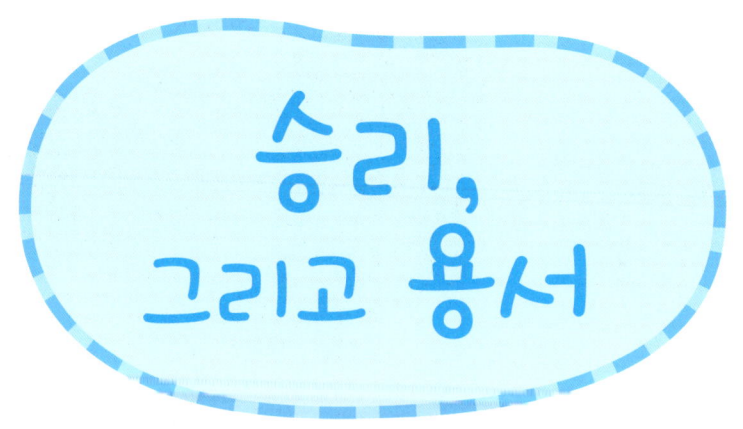

'드디어 석방이다!'

1990년 2월 11일 오후 4시, 백발의 만델라는 빅터 버스터 감옥 문을 나섰습니다. 감옥에 갇힌 지 27년 만에 자유의 몸이 된 것입니다. 모든 것이 꿈만 같았던 만델라는 하늘을 올려다보았습니다. 여름이 끝나 가는 케이프타운의 하늘은 아주 파랬습니다. 마치 희망을 보여 주는 것 같았습니다.

사진 기자들의 카메라 플래시가 번쩍번쩍 터졌습니다. 만델라는 주먹을 쳐들고 수많은 군중들을 향해 외쳤습니다.

"아만들라(힘)!"

이튿날 기자 회견에서 많은 기자들이 만델라에게 물었습니다.

"만델라 씨, 흑인들이 보복할까 봐 많은 백인들이 두려워합니다. 이제 어떡하실 겁니까?"

"우리는 인종 차별을 포기하는 모든 사람들을 감싸 안을 겁니다. 우리는 백인들이 안전하다고 느끼기를

원하고, 국가를 발전시킨 그들의 노력에 감사드립니다."

만델라의 말은 진심이었습니다. 오랜 시간 감옥에 있으면서 백인에 대한 증오를 버렸으니까요. 단지 정치 제도에 대한 분노만 남겨 놓은 상태였습니다.

이듬해 만델라는 민족 회의 의장이 되었습니다. 그리고 드 클레르크 백인 정부와 계속 만났습니다.

마침내 피부색에 상관없는 1인 1표 선거를 전국적으로 실시하자는 결과를 이끌어 냈습니다.

이 공로를 인정받아 1993년에는 드 클레르크 대통령과 함께 노벨 평화상을 받았습니다.

이후 만델라는 대통령 후보로 나섰습니다. 그리고 드디어 1994년 4월 27일, 역사적인 선거 날이 되었습니다. 흑인, 백인, 혼혈인 누구나 투표 종이 한 장을 들고 투표소로 향했습니다. 길에는 태어나 처음으로 투표를 하기 위해 늘어선 흑인들의 거대한 행렬이 이어졌습니다.

그리고 마침내 민족 회의의 승리! 만델라의 승리!

"승리했어! 우리가 승리했다고!"

76세의 만델라가 남아프리카 공화국 최초의 흑인 대통령이 되는 순간이었습니다. 300년에 걸친 백인 지배와 인종 차별이 사라지게 된 것입니다.

취임식 날인 1994년 5월 10일, 아침은 맑고 깨끗했습니다.

'나를 체포하려던 경찰과 군대의 경례를 받다니……'

만델라는 참으로 감격스러웠습니다. 이제 조국을 폭력 없는 평화로운 나라로 만들고 싶었습니다.

다음 날부터 대통령 만델라는 머리를 싸맸습니다. 흑인을 억압한 백인들을 처벌하자는 말들 때문이었습니다. 하지만 그럴 수 없었습니다. 남아프리카 공화국 국민들은 백인과 흑인이 함께 살아가야 하는 운명이니까요.

'그렇다고 그냥 묻어 버릴 수는 없어. 잘못을 밝혀야 잘못을 깨달을 수 있어. 잘못으로부터 교훈을 얻지 않으면 또 다른 잘못이 되풀이돼. 어떡할까?'

만델라는 곰곰이 생각한 끝에 '진실과 화해 위원회'라는 기구를 만들었습니다. 그러고는 투투 주교를 만나 부탁을 했습니다.

"'진실과 화해 위원회' 위원장을 맡아 주십시오. 그동안 있었던 폭력에 대해 모든 진실을 조사해 주세요."

투투 주교는 노벨 평화상도 받았고 국민들도 존경하는 분이었습니다.

남아프리카 공화국 최초의 흑인 대통령 | 백인 정권의 아파르트헤이트(인종 격리 정책) 정책에 맞서 아프리카 민족 회의(ANC)를 이끌며 투쟁했던 만델라는 남아프리카 공화국의 첫 흑인 대통령으로 선출되었습니다. 만델라는 백인을 용서와 화합 정신으로 포용, 흑백이 조화를 이루며 살아가는 오늘날의 남아프리카 공화국을 건설했습니다.

"백인과 흑인 모두를 조사해도 되겠습니까?"

"물론입니다. 저항하기 위해서지만 흑인들도 백인에게 폭력을 썼으니까요."

투투 주교가 승낙하자 만델라의 계획이 착착 진행되었습니다. 철저한 조사를 통해 진실을 밝혔고, 피해 보상을 원하는 사람에게는 보상을 해 주었고, 잘못을 빌면 용서를 해 주었습니다. 용서 없이는 남아프리카 공화국에 미래가 없기 때문이었지요.

'나부터 용서를 시작하자.'

만델라는 국민들 앞에 자기 자신부터 실천해 보였습니다. 첫걸음으로 그를 감옥에 보낸 보타 대통령을 찾아갔습니다. 그리고 적이었던 사람들을 차례차례 찾아가 화해의 손을 내밀었습니다.

"용기 있는 사람들은 용서하는 것을 두려워하지 않습니다. 평화를 위해서는 그렇게 해야 하기 때문이지요."

'더 이상 남아프리카 공화국 땅에서 피부색은 문제가 되지 않아."

1999년, 81세가 된 만델라는 흐뭇한 마음으로 대통령 자리에서 내려왔습니다. 그러고는 아프리카 곳곳에서 벌어지는 전쟁을 말리러 다녔습니다. 또한, 아프리카 대륙의 빈곤 퇴치를 위해 열정을 쏟았으며, 아프리카에서 에이즈를 퇴치하기 위해 노력했습니다.

날이 갈수록 기침이 심해지자 만델라는 병원 의사에게 변명을 했습니다.

"콜록콜록, 감옥에 오래 있었더니 몸이 상해서 그래요."

"그것도 맞는 말입니다. 하지만 그보다 지금까지 쉬지 않고 일하셔서 그렇습니다. 이대로 가면 위험합니다."

담당 의사가 주의를 주었지만 만델라는 세계 평화를 위한 열정을 멈추지 않았습니다.

그러다 병이 더해져서 2011년부터는 입원과 퇴원을 거듭하며 치료를 받았습니다. 하지만 2013년 12월에 들어서면서부터 상태가 더욱 나빠졌습니다. 퇴원해서 집에 누워 있는데 숨이 점점 더 가쁘고, 호흡기가 없으면 숨을 쉬기가 힘들었습니다.

12월 5일 오후, 만델라는 떠날 때가 되었다는 것을 느꼈습니다. 그래서 마지막으로 지나온 시간을 돌아보았습니다.

'어렸을 땐 자유에 대해 목마르지 않았지. 평화로운 시골 마을에서 태어나 가족과 자유롭게 살았으니까. 하지만 소년이 되면서 내 자유는 이미 빼앗겼고, 흑인들은 모두 자유롭지 못하다는 것을 깨달았어. 그래서 나는 자유를 위해 평생을 싸웠

만델라 서거 애도 추모객 | 2013년 12월 5일, 남아프리카 공화국 최초의 흑인 대통령 만델라가 세상을 떠나자 많은 사람들이 거리로 나와 그의 죽음을 슬퍼했습니다.

고, 기어이 자유를 찾았지. 하지만 내가 진짜 자유를 찾은 것은 나를 힘들게 했던 사람들을 용서한 뒤였어. 그래, 용서하길 참 잘했어. 이제 이 호흡기만 떼면 난 진짜 자유야.'

오후 8시 50분, 만델라는 손자를 불러 호흡기를 떼어 달라고 했습니다.

'거추장스러운 호흡기를 떼니 이렇게 자유롭군.'

만델라는 편안히 눈을 감았습니다. 다른 사람들이 자유와 용서의 마음을 이어 가기 바라면서요.

만델라의 삶

연 대	발 자 취
1918년(0세)	7월, 남아프리카 공화국 음베조에서 태어나다.
1925년(7세)	초등학교에 입학하다. 학교에서 '넬슨'이란 서양식 이름을 받다.
1927년(9세)	아버지가 사망하다.
1939년(21세)	포트헤어 대학에 입학하다.
1940년(22세)	학생회 대표를 사임했다는 이유로 정학당하다.
1941년(23세)	요하네스버그로 무작정 옮겨 가다. 법률 회사 사원으로 일하다.
1943년(25세)	아프리카 민족 회의에 입당하다.(이하 '민족 회의'로 줄임)
1944년(26세)	민족 회의 안에 청년 동맹을 공동 설립하다.
1948년(30세)	백인만의 선거에서 국민당이 승리, 아파르트헤이트 정책(인종 격리 정책)을 실시하다.
1951년(33세)	민족 회의 위원장이 되다.
1952년(34세)	범국민적 저항 운동인 '불복종 운동'을 벌이다. 변호사 자격 획득하다. 남아프리카 공화국의 첫 흑인 법률 회사를 설립하다.
1955년(37세)	'자유 헌장' 채택하다.
1956년(38세)	내란 혐의로 체포되었다가 석방되다.
1960년(42세)	계엄령 선포로 민족 회의는 불법 단체가 되다.
1962년(44세)	비밀리에 해외에서 군사 훈련을 받고 귀국하다 체포되다. 징역 5년을 선고 받다.
1963년(45세)	로벤 섬 교도소에 갇히다.
1964년(46세)	무기 징역이 선고되다.
1984년(66세)	요하네스버그의 투투 주교가 노벨 평화상을 받다.
1990년(72세)	2월, 27년 만에 석방되다.
1991년(73세)	7월, 민족 회의 의장으로 선출되다. 드 클레르크 대통령과 협상하여 인종 차별 법안을 폐지하도록 하다.
1993년(75세)	만델라와 드 클레르크 대통령이 공동으로 노벨 평화상을 수상하다.
1994년(76세)	5월, 남아프리카 공화국 최초의 민주 선거를 통해 첫 흑인 대통령이 되다.
1999년(81세)	남아프리카 공화국 대통령직을 퇴임하다.
2013년(95세)	12월 5일, 요하네스버그 자택에서 운명하다.

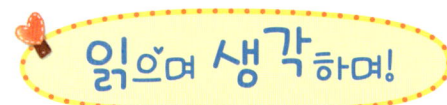

1. 학교 가기 전날 아버지가 만델라에게 준 것은 무엇인가요?

2. 만델라의 원래 꿈은 무엇이었나요?

3. 만델라는 평생 무엇을 위해 싸웠나요?

4. 만델라는 '진실과 화해 위원회'를 만들었습니다. 이 위원회를 통해 기어이 진실을 밝히려 했던 이유는 무엇일까요?

> "백인과 흑인 모두를 조사해도 되겠습니까?"
> "물론입니다. 저항하기 위해서지만 흑인들도 백인에게 폭력을 썼으니까요."
> 투투 주교가 승낙하자 만델라의 계획이 착착 진행되었습니다. 철저한 조사를 통해 진실을 밝혔고, 피해 보상을 원하는 사람에게는 보상을 해 주었고, 잘못을 빌면 용서를 해 주었습니다. 용서 없이는 남아프리카 공화국에 미래가 없기 때문이었지요.

5. 남아프리카 공화국의 흑인들은 오랫동안 백인들에게 억압받고 살았습니다. 그런데도 만델라는 백인들을 처벌할 수 없다고 합니다. 여러분도 만델라처럼 흑인들이 백인들을 처벌하면 안 된다고 생각하나요? 아니면 처벌해야 한다고 생각하나요? 그 이유는 무엇인가요?

> 다음 날부터 대통령 만델라는 머리를 싸맸습니다. 흑인을 억압한 백인들을 처벌하자는 말들 때문이었습니다. 하지만 그럴 수 없었습니다. 남아프리카 공화국 국민들은 백인과 흑인이 함께 살아가야 하는 운명이니까요.

6. 만델라는 학생회 대표로 선출되었지만 결국 사퇴하고 말았습니다. 여러분도 만델라처럼 정당한 선거가 아니라고 생각하는지요? 왜 그렇게 생각하나요?

열아홉 살에 포트헤어라는 최고의 흑인 대학에 들어갔습니다. 학교생활도 열심히 했습니다. 그러다 보니 총 6명을 뽑는 학생회의 대표로 선출되었습니다. 그런데 전체 150명의 학생 중에 투표한 학생은 겨우 2~30명 정도였습니다.

'이건 정당한 선거가 아니야.'

만델라는 오랜 생각 끝에 사퇴를 결심했습니다. 그러자 대학 총장이 불렀습니다.

"사퇴를 무르게."

"그럴 수 없습니다."

만델라는 고집을 꺾지 않았습니다.

7. 만델라가 저항 운동가가 된 이유는 무엇이라고 생각하나요?

1. 아버지 바지를 잘라 만든 바지.

2. 변호사

3. 인종 차별이 없는 나라를 만들기 위해서.

4. 예시 : 잘못을 밝혀야 잘못을 깨달을 수 있기 때문입니다. 잘못으로부터 교훈을 얻지 않으면 또 다른 잘못이 되풀이되니까요.

5. 예시 : 처벌하면 안 된다고 생각합니다. 만약 지금 흑인들이 백인들을 처벌한다면 이번엔 백인들 마음에 원망이 쌓일 것입니다. 다음 대통령은 백인이 될 수도 있습니다. 그럼 다음엔 백인들이 흑인들에게 보복할 것입니다. 그러니까 속은 덜 후련하더라도 처벌 대신 서로 평화롭게 살 수 있는 방법을 찾아야 합니다.

6. 예시 : 정당한 선거가 아니라고 생각합니다. 학생들의 대표를 뽑는 선거라면 적어도 절반이 넘는 학생들이 투표해야 합니다. 그러니까 150명 중에서 75명 이상이 투표했어야 합니다. 그런데 겨우 2~30명만 투표했으니 정당한 선거라고 할 수 없습니다.

7. 예시 : 피부색에 따라 사람들을 차별하면 안 됩니다. 그런데 백인이 지배했던 남아프리카 공화국에서는 흑인들을 심하게 차별했습니다. 흑인들은 교육도 제대로 받지 못하고, 좋은 직업도 갖지 못하고, 돌아다닐 때는 꼭 통행증을 갖고 다녀야 하고, 그러지 않으면 경찰에 잡혀 갔습니다. 또 원하는 학교, 병원 등을 마음대로 다닐 수 있는 자유가 없었습니다. 만델라는 흑인들의 권리를 되찾아 자유롭게 살고 싶었습니다.

역사 속에 숨은 위인을 만나 보세요!

B.C. 선사 시대 및 연맹 왕국 시대 | A.D. 삼국 시대 | 698 남북국 시대 | 918 고려 시대 | 1392

B.C. 고대 사회 | A.D. 375 중세 사회 | 1400

연도	한국 위인	한국사	세계사	세계 위인
2000		고조선 건국 (B.C. 2333)	중국 황하 문명 시작 (B.C. 2500년경)	
500			인도 석가모니 탄생 (B.C. 563년경)	석가모니 (B.C. 563?~B.C. 483?)
400				
300		철기 문화 보급 (B.C. 300년경)	알렉산더 대왕 동방 원정 (B.C. 334)	
100		고조선 멸망 (B.C. 108)		
0				예수 (B.C. 4?~A.D. 30)
300	광개토 태왕 (374~412); 을지문덕 (?~?)	고구려 불교 전래 (372)	크리스트교 공인 (313); 게르만 민족 대이동 시작 (375); 로마 제국 동서로 분열 (395)	
500	연개 소문 (?~666); 김유신 (595~673)	신라 불교 공인 (527)	수나라 중국 통일 (589)	
600	대조영 (?~719)	고구려 살수 대첩 (612); 신라 삼국 통일 (676); 대조영 발해 건국 (698)	이슬람교 창시 (610); 수 멸망 당나라 건국 (618)	
800	장보고 (?~846); 왕건 (877~943)	장보고 청해진 설치 (828)	러시아 건국 (862)	
900	강감찬 (948~1031)	견훤 후백제 건국 (900); 궁예 후고구려 건국 (901); 왕건 고려 건국 (918)	거란 건국 (918); 송 태종 중국 통일 (979)	
1000		귀주 대첩 (1019)	제1차 십자군 원정 (1096)	
1100		윤관 여진 정벌 (1107)		칭기즈 칸 (1162~1227)
1200		고려 강화로 도읍 옮김 (1232); 개경 환도, 삼별초 대몽 항쟁 (1270)	테무친 몽골 통일 칭기즈 칸이 됨 (1206); 원 제국 성립 (1271)	
1300	최무선 (1328~1395); 황희 (1363~1452); 세종 대왕 (1397~1450); 장영실 (?~?)	문익점 원에서 목화씨 가져옴 (1363); 최무선 화약 만듦 (1377); 조선 건국 (1392)	원 멸망 명 건국 (1368)	
1400		훈민 정음 창제 (1443)	잔 다르크 영국군 격파 (1429); 구텐베르크 금속 활자 발명 (1450)	
1500	신사임당 (1504~1551); 이이 (1536~1584); 허준 (1539~1615); 유성룡 (1542~1607)	임진 왜란 (1592~1598); 한산도 대첩 (1592)	코페르니쿠스 지동설 주장 (1543); 도요토미 히데요시 일본 통일 (1590)	
1600	한석봉 (1543~1605); 이순신 (1545~1598); 오성과 한음 (오성 1556~1618 / 한음 1561~1613)	허준 동의보감 완성 (1610); 병자 호란 (1636); 상평 통보 전국 유통 (1678)	독일 30년 전쟁 (1618); 영국 청교도 혁명 (1642~1649); 뉴턴 만유 인력의 법칙 발견 (1665)	

인물														
정약용 (1762~1836)			주시경 (1876~1914)											
			김구 (1876~1949)											
			안창호 (1878~1938)		우장춘 (1898~1959)	유관순 (1902~1920)								
김정호 (?~?)			안중근 (1879~1910)		방정환 (1899~1931)	윤봉길 (1908~1932)	이중섭 (1916~1956)		백남준 (1932~2006)		이태석 (1962~2010)			

					동학 농민 운동, 갑오 개혁 (1894)	을사 조약 (1905)			8·15 광복 (1945)		6·29 민주화 선언 (1987)			
			최제우 동학 창시 (1860)	강화도 조약 체결 (1876)		헤이그 특사 파견, 고종 퇴위 (1907)	한일 강제 합방 (1910)				서울 올림픽 개최 (1988)	북한 김일성 사망 (1994)	의약 분업 실시 (2000)	
이승훈 천주교 전도 (1784)			김정호 대동여 지도 제작 (1861)	지석영 종두법 전래 (1879)	갑신 정변 (1884)	대한 제국 성립 (1897)		3·1 운동 (1919)	어린이날 제정 (1922)	윤봉길· 이봉창 의거 (1932)	대한 민국 정부 수립 (1948)	6·25 전쟁 (1950~1953)	10·26 사태 (1979)		

조선 시대					1876 개화기		1897 대한 제국	1910 일제 강점기			1948 대한민국			
1700	1800	1850	1860	1870	1880	1890	1900	1910	1920	1930	1940	1950	1970	1980	1990	2000

근대 사회							1900				현대 사회			

미국 독립 선언 (1776)	청·영국 아편 전쟁 (1840~1842)		미국 남북 전쟁 (1861~1865)	베를린 회의 (1878)	청· 프랑스 전쟁 (1884~1885)	청·일 전쟁 (1894~1895) 헤이그 평화 회의 (1899)	영·일 동맹 (1902) 러·일 전쟁 (1904~1905)	제1차 세계 대전 (1914~1918) 러시아 혁명 (1917)	세계 경제 대공황 시작 (1929)	제2차 세계 대전 (1939~1945)	태평양 전쟁 (1941~1945) 국제 연합 성립 (1945)	소련 세계 최초 인공위성 발사 (1957)	제4차 중동 전쟁 (1973) 소련 아프가니 스탄 침공 (1979)	미국 우주 왕복선 콜럼비아 호 발사 (1981)	독일 통일 (1990) 유럽 11개국 단일 통화 유로화 채택 (1998)	미국 9·11 테러 (2001)
프랑스 대혁명 (1789)																

| 워싱턴 (1732~1799) 페스탈 로치 (1746~1827) 모차 르트 (1756~1791) 나폴 레옹 (1769~1821) | 링컨 (1809~1865) 나이팅 게일 (1820~1910) 파브르 (1823~1915) 노벨 (1833~1896) 에디슨 (1847~1931) | 가우디 (1852~1926) | 라이트 형제 (형, 윌버 1867~1912 / 동생, 오빌 1871~1948) 마리 퀴리 (1867~1934) 간디 (1869~1948) | 아문센 (1872~1928) 슈바이처 (1875~1965) 아인슈 타인 (1879~1955) | 헬렌 켈러 (1880~1968) | | 테레사 (1910~1997) 만델라 (1918~2013) | 마틴 루서 킹 (1929~1968) | 스티븐 호킹 (1942~2018) | 오프라 윈프리 (1954~) 스티브 잡스 (1955~2011) 빌 게이츠 (1955~) | | | | |

2023년 5월 25일 1판 6쇄 **펴냄**
2014년 4월 20일 1판 1쇄 **펴냄**

펴낸곳 (주)효리원
펴낸이 윤종근
글쓴이 오은영 · **그린이** 김태현, 원유성(표지)
사진 제공 연합포토, Shutterstock.com · mark reinstein 55쪽/Alessia Pierdomenico 64쪽
등록 1990년 12월 20일 · **번호** 2-1108
우편 번호 03147
주소 서울시 종로구 삼일대로 457, 406호
전화 02)3675-5222 · **팩스** 02)765-5222
ⓒ 2014. (주)효리원

잘못 만들어진 책은 구입하신 서점에서 바꾸어 드립니다.
ISBN 978-89-281-0353-9 64990

이메일 hyoreewon@hyoreewon.com
홈페이지 www.hyoreewon.com